SÍSIFO

Gregorio Duvivier e Vinicius Calderoni

SÍSIFO

COLEÇÃO
DRAMA-
TURGIA

Cobogó

SUMÁRIO

Três ou quatro palavras sobre Sísifo, mito e
personagem (e de como chegamos a ele),
por Vinicius Calderoni e Gregorio Duvivier 7

SÍSIFO 11

Sísifo vive, ou permanentes repetições inéditas,
por Vinicius Calderoni 95

Tudo começou com um encontro,
por Gregorio Duvivier 99

Empório de Teatro Sortido 103

Três ou quatro palavras sobre Sísifo, mito e personagem (e de como chegamos a ele)

Dentro do vastíssimo arcabouço de histórias e personagens da mitologia grega que moldaram o imaginário e o pensamento ocidental, Sísifo ocupa um lugar de proeminência.

Mas, na realidade, o que nunca se esquece acerca de Sísifo ao longo dos tempos não diz respeito a fatos e traços de sua formação ou qualquer outra característica, mas, sim, à punição que lhe foi imposta pelos deuses do Olimpo: carregar uma pedra até o topo de uma montanha, vê-la rolar montanha abaixo e recomeçar a mesma tarefa indefinidamente *por toda a eternidade*.

Se o leitor tiver interesse genuíno em saber quem foi Sísifo, certamente não seremos nós os mais indicados a narrar. Há vasto e excelente material sobre mitologia grega nas mais diversas mídias, das enciclopédias especializadas a vídeos no YouTube.

(Se o leitor estiver *realmente* muito curioso em saber por que Sísifo foi punido pelos deuses e estiver com uma preguiça monumental de largar o livro que tem nas mãos para fazer essa pesquisa, podemos dizer telegraficamente que, sendo o rei de Corinto e o mais esperto dos mortais, Sísifo foi capaz de, primeiro, fazer uma barganha com um deus em troca de um benefício para seu reino e, depois, prestes a ser punido, foi capaz de trapacear e enganar a morte por duas vezes. Sua penalidade famosa só lhe foi atribuída no momento em que pereceu, já bastante velho.)

Não faltam punições terríveis no inesgotável arquivo mitológico (ah, esses deuses gregos), mas é a de Sísifo aquela que se tornou mais célebre. Por quê? A nossa hipótese é a de que, talvez, seja um dos mitos (e uma das punições) que falam mais fundo ao coração da condição humana. Esforços sobre-humanos que se repetem por toda a vida: quem nunca se sentiu como Sísifo que atire a primeira pedra – e não a pedra que ele carrega, mas outra.

Albert Camus dedicou um longo ensaio ao personagem intitulado *O mito de Sísifo* (que, na pronúncia francesa, é um trocadilho que também pode ser compreendido como "O mito decisivo"). Camus parte desse personagem e de sua trajetória para falar do suicídio e do "homem absurdo". A obra em si é monumental e reveladora, mas nos pareceu ainda mais exemplar o fato de um mito milenar inspirar um dos grandes pensadores do século XX, vencedor do Prêmio Nobel de Literatura, a criar seu mais famoso ensaio.

Tudo isso dito, devemos admitir que nosso *Sísifo* nada tem a ver com o mito homônimo. Ou ainda: tem tudo a ver com o mito, mas não se pretende, em minuto algum, uma transposição do enredo ou mesmo uma recriação livre da trajetória do personagem.

A epifania que nos levou até Sísifo foi bem mais singela: depois de decidirmos criar uma peça juntos e de muito deliberarmos acerca do que queríamos falar, chegamos à conclusão de que seria interessante pensar em como transpor a linguagem dos memes e dos gifs para a cena. Um instante depois, a epifania dentro da epifania: Sísifo é o primeiro gif animado da humanidade.

Tudo se desdobrou a partir daí. Do gif e do meme fomos ao mito, e ao livro de Camus e a tantas outras obras e a tantas outras ideias que não precisam ser detalhadas ou descritas, posto que resultaram nas páginas que se seguem dentro deste livro. Elas, mais do que qualquer explicação, deverão se bastar.

Vinicius Calderoni e Gregorio Duvivier

SÍSIFO

de **Gregorio Duvivier** e **Vinicius Calderoni**

Sísifo estreou em 6 de abril de 2019 no Teatro da Reitoria, em Curitiba, dentro da programação do Festival de Curitiba.

Texto
Gregorio Duvivier e Vinicius Calderoni

Direção
Vinicius Calderoni

Interpretação
Gregorio Duvivier

Direção de produção
Andrea Alves

Cenografia
André Cortez

Figurino
Fause Haten

Iluminação
Wagner Antônio

Música original
Mariá Portugal

Direção de movimento
Fabricio Licursi

Assistência de direção
Mayara Constantino

Coordenação de produção
Leila Maria Moreno

Realização
Sarau Agência de Cultura Brasileira

[Posição 1]

Sobre o palco, um ator e uma rampa. O ator caminha da extremidade inferior à extremidade superior da rampa. Quando conclui esse percurso, salta. E recomeça o mesmo traçado. E outra vez. E outra. Sempre assim. A seguir, sessenta maneiras de percorrer um mesmo caminho.

SALTO 1 – UMA TRAVESSIA

Não se chega a um lugar sem passar por outros.
Entre este ponto e a mesa de bebidas, uma pista de dança.
O que vocês verão a seguir sou eu atravessando a pista em busca de um drinque.
Desejem-me sorte.

O ator atravessa a rampa. Sorri.

Uma ótima noite a todos.

Salta. Blecaute.

SALTO 2 – QUEM VÊ REPARA

Não se chega a um lugar sem passar por outros.
Entre este ponto e a mesa de bebidas, uma pista de dança.
O que vocês verão a seguir sou eu atravessando a pista em busca de um drinque.
Desejem-me sorte.

Ele começa a atravessar a rampa. A certa altura, para.

Não é estranho que as pessoas dancem?
Às vezes eu paro pra me perguntar qual é o sentido disso tudo.

Termina de atravessar. Sorri.

Uma ótima noite a todos.

Salta. Blecaute.

SALTO 3 – AS PERSONAGENS

Não se chega a um lugar sem passar por outros.
Entre este ponto e a mesa de bebidas, uma pista de dança.
O que vocês verão a seguir sou eu atravessando a pista em busca de um drinque.
Desejem-me sorte.

Atravessa. A certa altura, para.

Não é estranho que as pessoas dancem?
Às vezes eu paro pra me perguntar qual é o sentido disso tudo.
Cada um é uma espécie de personagem de si mesmo.
O Pedro só sabe dançar ironicamente: cada passo dele é uma paródia de alguém que dança a sério.
A Marcinha, invertebrada, diz que deixa o superego na entrada e dança como se não houvesse amanhã.
A Nina dança como se não houvesse hoje, marcando o tempo com os pés como alguém que está ali mas já foi embora.
O Toni seduz quem tiver na frente numa performance pública do próprio prazer hedonista.
Às vezes eu acho comovente, às vezes acho um pouco patético.

Termina de atravessar. Sorri.

Uma ótima noite a todos.

Salta. Blecaute.

SALTO 4 – REVER VALÉRIA

Não se chega a um lugar sem passar por outros.
Entre este ponto e a mesa de bebidas, uma pista de dança.
O que vocês verão a seguir sou eu atravessando a pista em busca de um drinque.
Desejem-me sorte.

Atravessa. A certa altura, para.

Não é estranho que as pessoas dancem?
Às vezes eu paro pra me perguntar qual é o sentido disso tudo.
Cada um é uma espécie de personagem de si mesmo.
O Pedro só sabe dançar ironicamente: cada passo dele é uma paródia de alguém que dança a sério.
A Marcinha, invertebrada, diz que deixa o superego na entrada e dança como se não houvesse amanhã.
A Nina dança como se não houvesse hoje, marcando o tempo com os pés como alguém que está ali mas já foi embora.
O Toni seduz quem tiver na frente numa performance pública do próprio prazer hedonista.
Às vezes eu acho comovente, às vezes acho um pouco patético porque é quase como se...
Oi, Valéria.
Não sabia que você vinha.
Pois é, a gente veio há uns dois anos.
É, quando a gente tava junto.
Tô com muito trabalho, lá no... trabalho.
E você?

Magina, você tá bonita como sempre.
Eu lembro desse vestido de uma vez que a gente...
Ah, oi. Prazer.
Ele é seu...?
Prazer. É Gab... Gabe mesmo? Gabe. Diferente, né?
Prazer, André.
Ah, que legal.
É, dançar é sempre a melhor pedida.
Também adorei.
Muito bom te ver feliz... e apaixonada.
A gente se fala.
Vamos combinar, vamos combinar, sim.
Vou até a mesa pra ver se eu consigo um drinque.

Arrasado, volta a andar. Termina de atravessar. Para no topo da rampa. Olha pra trás, na direção da pista. Olha pra frente, como um suicida que contempla o abismo.

Uma ótima noite a todos.

Salta. Blecaute.

SALTO 5 – MORTE LENTA DO AMOR-PRÓPRIO

O ator segue o mesmo percurso, mas com profundo desânimo, e de modo telegráfico.

Não se chega a um lugar sem passar por outros.
Desejem-me sorte.

Atravessa.

Não é estranho que as pessoas dancem?
Cada um é uma espécie de personagem de si mesmo.
Às vezes eu acho comovente, às vezes acho um pouco patético porque é quase como se...
Oi, Valéria.
Magina, você tá muito bonita como sempre.
Ah, ele é seu...?
Prazer, Gabe.
Muito bom te ver feliz... e apaixonada.
Vou até a mesa pra ver se eu consigo um drinque.

Para no topo da rampa. Olha pra frente e contempla o abismo. Quando parece estar prestes a pular, começa a recuar de volta para a pista para tomar satisfações.

Só me fala o que que eu fiz de errado.
Pra você tá com *esse* cara.
Não, eu tô falando sério, eu não tô bêbado, eu só queria entender mesmo.
Para, cara, ela não precisa disso, tô conversando aqui na boa.

Hein, Valéria, só me fala isso!

Não preciso baixar bola nenhuma, me larga, onde cês tão me levando? Me solta!

Eu não tô bêbado, eu tô normal!

Valéria, fala pra eles que eu tô normal!

Eu vou embora, mas é porque **eu quero**, que eu não quero mais ficar aqui nesta festa de merda.

Uma ótima noite a todos!

Salta como quem é defenestrado. Blecaute.

SALTO 6 – TUDO É REPETIÇÃO

Você só queria atravessar a pista pra conseguir uma bebida, mas pra isso precisa passar por um bando de gente representando a si mesmo, incluindo sua ex-namorada com o novo namorado dela – que é claramente um boçal. Mas você só queria um drinque, você só queria ficar amortecido de ter que fazer sempre o mesmo percurso pra pegar um drinque e ficar amortecido. Você só queria um drinque pra ultrapassar toda sorte de merdas que te atravessa, mas pra isso você tem que atravessar toda sorte de merdas e aí você percebe que está enredado num percurso impossível e que na realidade saber disso não te traz vantagem nenhuma, ao contrário, você só tá mais fodido do que todas as pessoas que estão ignorantes em relação a isso e por isso são mais felizes, então foda-se, pra celebrar essa sabedoria inútil você pode dar um tapa na orelha do garçom, quebrar uma taça de cristal ou botar fogo nesse salão de festas dos infernos que não importa: você volta sempre para o mesmo lugar.

Salta. Blecaute.

SALTO 7 – AS REGRAS DO JOGO

Você só queria cruzar a pista de dança pra conseguir um drinque, mas *quem disse que esta é uma pista de dança?*

Eu disse.

Mas eu mudei de ideia e isso aqui, na realidade, é um campo de girassóis.

Isso *não é* a realidade e é uma loja de produtos naturais.

Quem eu quero enganar? Estamos numa taverna que imita uma mobília medieval.

Eu quero enganar você e isso é a fila de uma agência bancária.

Eu quero me enganar, então seja bem-vindo à nossa quadra de squash.

Ao ateliê de uma escultora que só trabalha com pedra-sabão.

À ilha no meio de uma avenida movimentada de uma grande cidade em horário de pico.

Ao sonho recorrente de um menino de 15 anos no qual é dia de prova de matemática e ele não estudou a matéria.

À cozinha da sua avó.

Este é um lugar entre outros dois lugares.

Uma fenda compartilhada entre dois blocos de vida e é a vida em si mesma.

Dentro desta linha reta, todas as travessias do mundo.

Dentro deste mundo, um mundo de travessias.

É este o jogo.

Desejem-me sorte.

Salta. Blecaute.

SÍSIFO

ensaio sobre a repetição em sessenta saltos

para Domingos de Oliveira

SALTO 8 – DESPEDIDA PATROCINADA, LINK NA BIO

O ator caminha até o topo da rampa e contempla o abismo.

Oito pessoas já... Bom, vamos lá, tudo na vida tem um fim, e com a minha vida não seria diferente. Chegou aquele momento em que já não faz sentido, pra mim, continuar vivendo, por isso que eu tô fazendo essa *live*. Quinze pessoas já... Fiquem à vontade! Mas não quero ver ninguém culpado, ao contrário, só tenho a agradecer.

Queria agradecer ao meu psicanalista, @CarlosWagnerFreudiano, por ter tentado até o fim.

Queria agradecer à minha esposa, futura ex-esposa, @MarinaJulia84, por ter tentado até quase o fim. Quem quiser seguir, daqui a pouco ela vai estar solteira...

Ao Aquasport, filial Moinhos de Vento, onde eu treinei por seis meses esse salto. Ao Professor Marcos, @MarquinhodoSalto, que me ensinou tudo que eu sei sobre salto ornamental, vamos ver se agora eu acerto esse salto, depois tu me conta se deu certo... quer dizer... deixa pra lá.

À Neusinha da recepção, que não tem insta, mas que me fez um superdesconto no plano semestral, quem quiser se inscrever eu vou deixar o link na bio, tem um cupom no meu nome que dá 20% de desconto. Quer dizer, não vai ter mais bio, mas o link vai continuar.

Agradecer também à Nutriwhey, @nutriwhey, que criou um whey vegano de paçoca delicioso, lançaram um novo agora com uma camada fininha assim de goiaba, muito gostoso o contraste da goiaba com o amendoim.

Ah, e é claro, à lei da gravidade, sem a qual eu não conseguiria dar esse salto, quem quiser seguir é @leidagravidade.

Obrigado também a todos os que acompanharam minha trajetória ladeira abaixo. Cada curtida de vocês, cada compartilhada, cada "se mata aí" foi um incentivo pra eu não desistir do meu sonho de acabar com tudo. Tô indo nessa, não esquece de dar o *unfollow*. Saio da vida para entrar nos *stories*.

Salta. Blecaute.

SALTO 9 – UM ATOR AMBULANTE

Primeiramente, boa noite, desculpa atrapalhar o silêncio da sua viagem, e eu poderia estar matando, eu poderia estar roubando, mas eu tô aqui neste ônibus metropolitano mostrando humildemente o meu trabalho. Eu sou ator, desempregado como tantos, e vou estar fazendo aqui um trechinho da peça *Hamlet*, vamos lá: Ser ou não ser, eis a questão: será mais...

Amigo, pode só recolher a criança que eu vou estar passando aqui no corredor? Você também, senhora, se puder sentar. Amigo, tira a mochila pra senhora sentar, por favor?

Vamos lá.

Ser ou não ser, eis a questão: será mais nobre sofrer na alma pedradas e flechadas do destino feroz ou pegar em armas contra o mar de angústias e, combatendo-o, dar-lhe fim? Morrer; dormir. Só isso. E com o sono... Opa, motorista, vou saltar, dá essa moral pra mim? Brigado galera, nessa linha eu só ensaio, quem quiser ver o texto completo é só pegar o Praça Ramos de quinta a domingo às 21 horas. O resto é silêncio.

Salta. Blecaute.

SALTO 10 – O JORNALISMO ESPORTIVO

Parece um assunto sério, mas é apenas um jornalista esportivo subindo uma rampa pra fazer uma analogia com um time que não para de subir na tabela do Campeonato Brasileiro.

Chegando ao topo da rampa, ele ainda encontra tempo pra fazer uma piada com um time que corre risco iminente... de queda.

Salta. Blecaute.

SALTO 11 – DEUS OU O ENTUSIASMO

Quando a luz se acende, o ator está olhando para cima, na direção do urdimento.

>Você tá aí?
>Talvez tenha muita gente te fazendo essa mesma pergunta neste momento, então eu vou ser rápido.
>É por aqui mesmo?
>Tem como mandar algum sinal?
>Não sei, uma pomba, uma placa, uma lanterna a laser?
>Não?
>Bom, tá parecendo muito.
>Vamos combinar que se você não disser nada é porque você tá dizendo sim?

Tempo.

>Oba, pegou o espírito da coisa!
>Então vamos lá.
>É por aqui?

Tempo.

>Muito obrigado.

O ator atravessa a rampa. Termina o percurso emocionado.

>Mal posso acreditar que eu consegui.

E sabe por que eu consegui?
Porque você estava comigo.

Salta. Blecaute.

SALTO 12 – A HUMANIDADE

Essa é a linha do tempo do planeta Terra.
Há 4,5 bilhões de anos a Terra se forma.
No primeiro bilhão de anos atravessa intensa chuva de meteoritos.
Até que nascem os primeiros organismos e, logo depois, a fotossíntese.
Em mais 1 bilhão de anos nasce a vida multicelular e, logo depois, a reprodução sexuada.
Milhões de anos depois nascem os peixes, os anfíbios, os répteis, os dinossauros, mais milhões de anos e as aves, os mamíferos, mais milhões de anos e os primatas.
E então, mais ou menos aqui, nasce o *Homo sapiens* e, com ele, a humanidade.

O ator está no absoluto limiar da rampa.

Parece seguro afirmar que o próximo passo da humanida...

Dá um passo na direção do vazio. Blecaute.

A seguir, a rampa muda de posição.

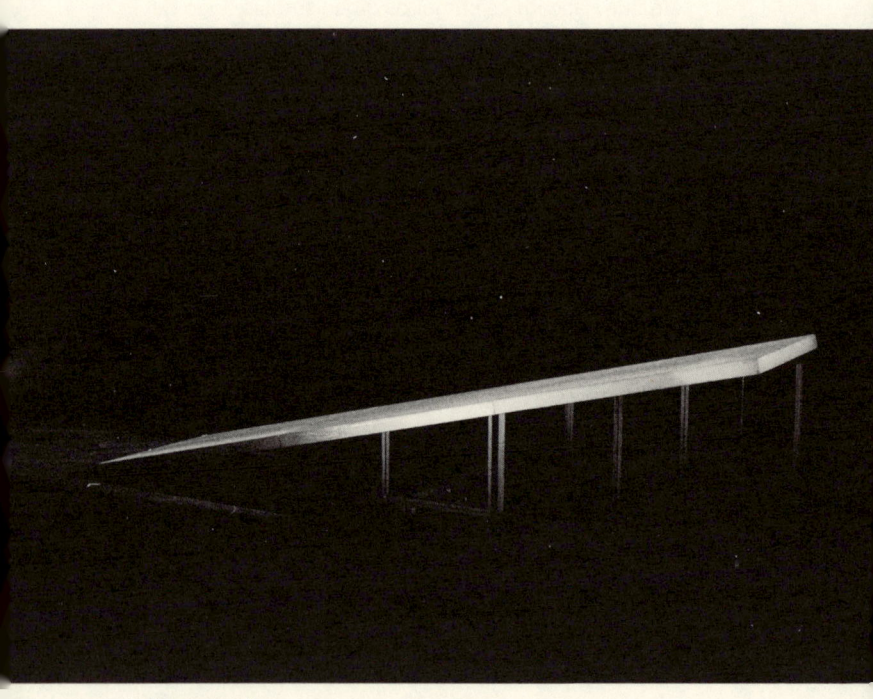

[Posição 2]

SALTO 13 – O MÍMICO

O mímico é feliz.
Se precisa de uma parede, cria os contornos no vazio.
Se sente falta de beleza, colhe uma linda flor invisível.
Se sente sede, tem logo um copo e uma garrafa d'água, um em cada mão.
Se algo o aborrece, lança mão de maçanetas imaginárias e atravessa quantas portas quiser.
O mímico é feliz e todos o admiram.
Todos admiram o mímico, portanto ele faz sucesso.
Ele faz sucesso, então se apresenta para multidões.
Ele se apresenta para multidões, logo, ganha dinheiro.
Ele ganha dinheiro e, por consequência, compra uma casa.
A casa do mímico: onde há paredes reais, um canteiro de tristes flores verdadeiras, copos sortidos e muitas garrafas, portas tediosas com maçanetas douradas.

O ator cai de joelhos sobre a rampa num estado de certa perplexidade.

Este é o mímico na trágica e concreta rampa de entrada de sua casa.

Dá três batidinhas na rampa. Levanta-se olhando para a plateia.

O mímico é infeliz.

Enforca-se em uma corda imaginária.
Salta.

SALTO 14 – AINDA SOMOS OS MESMOS E VIVEMOS

Um pai que julga saber qual o melhor caminho para seu filho porque já viu e viveu muitas coisas.

Um filho que acha insuportável o hábito que seu pai tem de legislar sobre suas escolhas.

"Quem é você pra saber qual o melhor caminho?", pergunta o filho.

"Eu sou seu pai", responde o pai.

O filho, então, parte em sua própria jornada.

Atravessa fronteiras reais e imaginárias, inaugura possibilidades, é livre pra encontrar a trajetória que mais lhe diga respeito.

Vai se deixando guiar pela direção do vento, pela beleza das paisagens, pela harmonia misteriosa do Universo e finalmente encontra o próprio caminho.

Um caminho genuinamente seu, que inventa à medida que o percorre.

E todos os encontros que nascem desse caminho são bonitos – e pode até ser que nasçam pessoas desses encontros.

Então ele saberá, com a clareza de um raio, que fez a melhor escolha.

Que esse sempre foi o melhor e único caminho possível.

"Quem é você pra saber qual o melhor caminho?", pergunta então seu filho.

"Eu sou seu pai."

Salta.

SALTO 15 – O SENTIDO DE TRAVESSIA

O escritor senta diante de sua escrivaninha.
O pai, a mãe, os dois filhos, uma cachorra.
Ele tem uma ideia.
Fabiano, Sinhá Vitória, os dois meninos e Baleia cruzam a fronteira da Síria.
O escritor começa a escrever uma frase.
Eles caminham na direção do muro em Tijuana.
Ele interrompe a frase antes do fim.
Eles fogem da Polônia na Segunda Guerra, de Ruanda ou da Armênia antes do massacre.
O escritor procura a melhor palavra para concluir a sentença.
Saem de Cuba, do Haiti, de Serra Leoa, partem de algum lugar em direção ao próximo lugar de onde também vão partir.
Ele arrisca algumas palavras, sem sucesso.
Eles caminham debaixo do sol abrasador da neve cortante da chuva ácida do vento veloz.
O escritor encontra a palavra.
A mãe, o pai, os dois meninos e Baleia na minúscula jangada improvisada.
Ele pousa a ponta da caneta sobre a folha em branco.
Os pais, os meninos e a cachorra remam.
O escritor escreve a palavra travessia.
Eles atravessam.

Salta.

SALTO 16 – FAÇO SENTIDOS

Meu nome é Ornela e resolvi parar de fazer brigadeiros artesanais pra fazer sentido.

Brigadeiro era bom, mas sentido é que nem saca-rolhas, eu costumo brincar... todo mundo precisa alguma hora. E a gente só percebe que não tem na hora que precisa. Sentido que eu digo é pra vida mesmo.

No começo foi bem difícil, minhas amigas diziam "Ornela, você é louca, seu brigadeiro vende que nem água", mas eu resolvi insistir e hoje tá bem melhor, graças a Deus, quer dizer, graças ao que fizer sentido pra você.

Tô com bastante encomenda: outro dia fiz um sentido pra um rapaz que eu achei que ficou bem bonito, ele vai estudar pra ser maestro e ficar famoso, achei chique.

Mas eu não tenho frescura, já fiz sentido pra gente que queria apostar nos cavalos, gente que queria passar a vida cuidando de jardim, até gente que queria se matar, que às vezes o sentido da vida da pessoa é acabar com a própria vida e a gente que trabalha no comércio não pode ter preconceito.

Toda semana eu entrego pra base de uns 15 sentidos novos, tô tendo até que terceirizar, pedindo ajuda pra Joyce, uma amiga minha que faz umas bijus. No começo ela fez uns sentidos meio pequenos, meio estreitos, que não cabiam na vida das nas pessoas, depois foi pegando o jeito, outro dia fez um sentido lindo pra uma menina que abriu uma ONG pra cuidar de gente faminta na África, fiquei orgulhosa, falei: "Joyce, daqui a pouco eu que vou querer um sentido seu pra minha vida."

Se as encomendas continuarem crescendo, eu acho que daqui a um ou dois anos, no máximo, vou realizar meu sonho de abrir a minha própria *Sentideria*. Já consigo até ver, aqueles sentidos assim expostos na vitrine, um monte de executivo passando apressado de patinete elétrico e levando um sentidinho pra viagem.

Posso dar o serviço? Você que está assistindo... Será que você não tá precisando de algum sentido? Se não é você, aquele primo que tá todo vomitado na sarjeta numa terça-feira à tarde. Vamos dar um sentido de presente? Natal está chegando e essa é uma época em que as pessoas tão precisando muito de sentido. Então me liga. Se fizer sentido pra você, me chama que eu faço um sentido pra você.

Salta. Blecaute.

ANTESSALTO 17 – O LIVRE-ARBÍTRIO

Durante o blecaute que se instaura ao fim do salto anterior, enfático, o ator fala.

Pra mim, deu.
Isso não tá fazendo mais nenhum sentido.
Eu sei o que vocês estão pensando.
Todo mundo já entendeu: sobe, desce, salta, sobe, desce, salta...
Mas não quero mais estar onde vocês esperam que eu esteja.
Eu sei que o diretor fez a marca.
Fazer a marca é fácil.
A marca é dele, o joelho é meu.
E daí que tem uma fita fosforescente no chão?
Tem ator que não pode ver uma fita fosforescente que já fica atrás.
Eu não: sou bicho solto.
Vocês só não contavam com meu livre-arbítrio.
Com o meu inalienável direito de dizer não.
Prefiro NÃO.
Eu não vou, eu NÃO VOU, EU NÃO...

A luz se acende e ele está exatamente no começo da rampa, pronto para começar mais uma trajetória, e ele começa...

SALTO 17 – OUÇA UM BOM CONSELHO

... continuando a frase imediatamente anterior.

    ... vou te dar só um conselho: meditação.
Pilates todo dia.
Spinning todo dia.
Álcool e drogas todo dia.
Tem que criar uma rotina.
O problema é quando vira rotina.
Nunca deixe pra amanhã o que você pode fazer hoje.
Não vai resolver de cabeça quente: deixa pra amanhã.
O tempo é implacável.
O tempo é o melhor remédio.
Acorda cedo que passa.
Dorme cedo que passa.
Tem que ter filho cedo.
Tem que ter filho tarde.
Tem que ter filho.
Não tem que ter filho.
Tem que *ser* filho.
Visita mais seus pais enquanto eles estão vivos.
Você não deve nada aos seus pais só porque eles estão vivos.
Você tem que expressar mais seus sentimentos.
Cuidado, você tá se expondo demais.
Vê se responde mais rápido às mensagens.
Vê se para de olhar tanto as mensagens.
E o mais importante de tudo: não ouça o conselho de ninguém.

Salta.

SALTO 18 – UM ANO EM FRASES FEITAS

Hoje é um novo dia de um novo tempo que/
Vai fazer o que no réveillon?
Esse ano passou voando.
Dez, nove, oito...
Que calor dos infernos.
Vai fazer o que no carnaval?
Ê, ê, ê, ê, índio quer apito se não der...
Morreram 12 pessoas em mais uma enchente
São as águas de março fechando o verão/
Vai fazer o que na Semana Santa?
Coelhinho da Páscoa, que trazes pra...?
Adoro quadrilha!
Olha pro céu, meu amor/
Que frio da porra.
Veja como ele está lindo.
Agosto é o mês do cachorro louco.
Cuidado que a bruxa tá solta.
Vai fazer o que no 7 de Setembro?
Vai fazer o que no Dia das Crianças?
Vai fazer o que nos Finados?
Não acredito que já tem luzinha de Natal.
Daqui a pouco vem a Simone.
Hoje é um novo dia de um novo tempo que/
Vai fazer o que no réveillon?
Esse ano passou voando.
Dez, nove, oito...

Salta.

SALTO 19 – O POEMA DA TRAVESSIA

Avante
O norte na vista cansada
As palmas e as pernas cortadas
Na vaga promessa de um reino distante

Avante
Bagagens desfeitas de mágoas
Os goles escassos de água
Na firme procura de algum finalmente

Avante
A sombra das tardes antigas
Que as letras das velhas cantigas
Martelam na alma do bom viajante

Avante
No ventre uma gasta esperança
Nos pés uns três passos de dança
Belezas intactas pulsando na mente

Avante
Notícias de proximidade
Arrombam o silêncio da tarde
Garante o traçado que é logo adiante

Avante
E agora que falta tão pouco
Já desamarrado o sufoco
as portas se abrem e eis o presente

Chegada
As pálpebras quase inundadas
As causas perdidas e achadas
Deságuam no mesmo lugar

Estar
Na praça da Apoteose
E a dúvida surge no auge:
Agora podemos voltar?

Salta.

SALTO 20 – REPRESENTAÇÃO, UMA REPRESENTAÇÃO

Talvez esteja tudo um pouco nebuloso, então vamos dizer que esta rampa representa o presente e a trajetória de percorrer a rampa representa o passar do tempo. Mas talvez isso seja muito esquemático, então vamos dizer que a rampa representa a infância e o assoalho áspero representa a perda da inocência.
Na verdade, houve uma confusão, eu pensei que era uma rampa, mas é uma angústia.

Mas parece uma rampa, então vamos dizer que ela representa a contemporaneidade e a queda representa o patriarcado, vamos convencionar que o refletor aceso representa a utopia de um futuro pleno, vamos dizer que a rampa representa Bangu às cinco da tarde e toda a área ao redor representa um fosso de jacarés, vamos combinar que a rampa representa o ator e o ator representa a rampa, vamos combinar que a soma das pessoas nessa plateia representa a opinião pública e a rampa representa o Brasil colonial, o sonho da casa própria, uma tábua de frios, um quadro de Van Gogh, o Congresso Nacional, vamos combinar que o ator representa e a rampa rampa, então o ator sobe a rampa, salta e **blecaute**.

Salta. Blecaute.

SALTO 21 – CORRIDA 1

O ator se agacha como um corredor na base da rampa e escuta o tiro de largada. Atravessa a rampa correndo. Salta.

SALTO 22 – CORRIDA 2

O ator atravessa a rampa correndo mais uma vez. Salta.

SALTO 23 – CORRIDA 3

O ator, dando sinais de fadiga, atravessa a rampa correndo. No meio do percurso, seus movimentos ficam em câmera lenta. Recupera o ritmo e termina o percurso. Salta.

SALTO 24 – CORRIDA 4

O ator volta a correr normalmente, o sentido de urgência volta. Ele está atravessando a rampa correndo, mas, no meio do trajeto, para. Ofegante, olha para a plateia.

Em silêncio, ele confronta os espectadores.

> Sei lá.
> Só cansei.

Caminha muito lentamente até a outra extremidade da diagonal do cenário. Salta. A rampa muda de posição.

[Posição 3]

SALTO 25 – HAMLET, UM GIF

Ser ou não ser, eis a questão.
Será mais nobre sofrer na alma
Pedradas e flechadas de um destino feroz
Ou pegar em armas contra um mar de angústias
E, combatendo-o, dar-lhe fim?

O ator volta ao princípio do texto, com a mesma partitura física.

Ser ou não ser, eis a questão.
Será mais nobre sofrer na alma
Pedradas e flechadas de um destino feroz
Ou pegar em armas contra um mar de angústias
E, combatendo-o, dar-lhe fim?

Daqui por diante, o ator repete sempre a mesma partitura física em looping, tal qual um gif animado, mas há crescentes atravessamentos de absurdo.

Ser ou não ser, eis a **socorro**
Será mais nobre sofrer na alma
Pedradas e flechadas de um **alguém me ajuda**
Ou pegar em armas contra um mar de angústias
E, combatendo-o, dar-lhe fim?

Ser ou não ser, eis a **cansei**
Será mais nobre **não quero mais**
Pedradas e flechadas **dizer essas coisas**

Ou pegar em armas contra um **tô preso**
E, combatendo-o, **DENTRO DE UM GIF**

Ser ou não ser, eis a questão
é que eu quero ir à praia sofrer na alma
Pedradas e flechadas de um destino feroz
e perder meu futevôlei
contra um mar de angústias
E, combatendo-o, dar-lhe fim?
Pronto acabou graças a

Ser ou não ser, eis a **caralho**
Será mais nobre **se eu der um passo**
Pedradas e flechadas **eu tô livre**
Ou pegar em armas contra um mar de angústias
E **tô quase lá** dar-lhe fim?

Salta. Blecaute.

SALTO 26 – VIAGEM À PRAIA

— Paiiiiiii.
— Quê?
— Falta muito?
— Não.
— Quanto falta?
— Pouco.
— Pouco quanto?
— Menos do que você pensa.
— Quanto eu penso?
— Nada.
— Então chegou?
— Ainda não.
— Falta muito?
— Não.
— Quanto falta?
— Pouco.
— Pouco quanto?
— Menos do que você pensa.
— Quanto eu penso?
— Nada.
— Então chegou?
— Ainda não.
— Falta muito?
— Não.
— Quanto falta?
— Pouco.
— Pouco quanto?
— Menos do que você pensa.
— Quanto eu penso?

— Nada.
— Então chegou?
— Chegou, filho. Agora a gente chegou.
— Ah. [*tempo*] Na foto parecia mais bonito.

Salta. Blecaute.

SALTO 27 – VEM QUEM QUER

Povo hebreu: eu acho que é por aqui.
Não tenho como dar certeza, Sâmila. Fosse com ele. Eu vim vindo, vocês que vieram atrás. Ô povo pra seguir qualquer um, viu? Eu nem pedi a ninguém pra me seguir, vocês vieram porque quiseram. Se fossem com Zaqueu tavam perdidos no Egito até hoje.
Gente, sem tumultuar! Jacó, larga ela! Não quero saber quem começou! Parece criança. Na maioria das vezes a pessoa nem sabe onde é, diz qualquer coisa por educação, a gente é obrigado a seguir, numa dessas perdeu três dias. Além do mais, vamos combinar que terra prometida é um pouco vago: às vezes a pessoa pode estar falando da terra que foi prometida a ela e não tem nada a ver com a nossa.
Que que eu falei? LARGA ELA, JACÓ! Olha, eu vou dar um tapa pra trás, não quero saber em quem vai pegar, em quem pegar pegou... PAROU!
Bom, vamos indo. Que mar, de que cê tá falando?

Olha para o outro lado, realmente tem um mar ali.

Ai, cacete. Não, Sâmila, não era pra ter esse mar aqui. Obrigado por trazer isso à tona. Bom, gente, vamos dar uma volta, vão ser uns dias a mais, mas a gente consegue... Oi? Não tem como abrir o mar, querido.

Olha para o outro lado, parece que abriu mesmo.

Caralho, tá abrindo mesmo! Corre! Corre que daqui a pouco fecha.

Salta. Blecaute.

SALTO 28 – O VENDEDOR DE MATE

Mate. Mate. Olha o mate.
Nossa, brother, tô num perrengue monstro, minha mãe veio pro Rio, tá dormindo lá em...
Mate. Olha o mate.
Amiga, se eu não emagrecer cinco quilos até o réveillon talvez eu me...
Mate. Olha o mate.
Protetor solar químico dá câncer, eu só uso blusa UV porque protege contra o...
Mate. Olha o mate.
Eu gosto da praia porque ela é democrática, tá todo mundo dentro do mesmo...
Mate. Olha o mate.
Gordura hidrogenada é um veneno, é pior que...
Mate. Olha o mate.
É como diz o Cidade Negra, todo mundo espera alguma coisa de um...
Mate. Olha o mate.
Tenho um amigo que...
Mate.
Morreu assim...
Mate.
De uma hora pro...
Mate.
Sou capricórnio com ascendente em...
Mate.
... e lua em...
Mate.
Eu sou uma pessoa que eu me olho no espelho e digo...
Mate.
Na dúvida, meu amigo:
Maaaaaate.

Salta. Blecaute.

SALTO 29 – HOSPEDEIRO

Opa, boa tarde.
É Evandro, né?
Seja bem-vindo, Evandro. Tava boa a praia?
Vamos pra esse endereço mesmo?
Você tem algum caminho de preferência ou podemos ir pelo aplicativo?
Ah, beleza. Ar condicionado tá bom assim?
Se quiser, é só me pedir que eu troco a rádio.
Evandro, tem balinha aqui no porta-moedas e eu tenho água aqui também, tá servido?
Maravilha, fica à vontade.
Tudo parado, né?
Opa, andou. Só falar.

Tempo.

Pelo roteiro, essa é a hora que eu falava que político é tudo ladrão, mas você se importa se eu mudar de assunto?
Qualquer coisa é só me pedir que eu falo que nunca vi fazer tanto calor essa época, tá louco e tal...
Sabe o que é engraçado?
Esse carro é meu. Eu demorei cinco anos pra quitar, por causa das prestações. Com os juros que eu paguei, dava pra ter comprado dois desse. Mas paguei. Agora é meu, tem até documento no meu nome, tudo bonitinho.
E eu sou meu. Eu ainda não terminei de me quitar, tô há mais de 30 anos pagando prestação, parece que ainda tem uns 50 pela frente. Com os juros

dava pra ter sido o dobro disso que eu sou. Mas tô aí, com direito de ir e vir e tudo. Tenho até documento com meu nome, tudo bonitinho.

Mas quando você entra neste carro que é meu, dirigido por mim que sou meu, o caminho é seu.

A sua trajetória é continente da minha trajetória. Eu me moldo ao seu desejo como a água toma a forma de um copo.

Mas eu não tô achando ruim, não, ao contrário. Ruim é quando eu tô vazio.

Quando eu tô vazio é como se fosse o purgatório, o limbo onde a alma vaga à procura de algo que lhe dê sentido. Sentido centro ou sentido bairro.

E sabe o que é mais louco?

É que nesse pouco tempo que a gente tá aqui compartilhando este veículo, eu já me afeiçoei a você. Nem precisei comentar de política ou de futebol, porque eu te olho e penso que você foi criança, que seus pais te ensinaram várias coisas, que outras tantas eles não conseguiram e você aprendeu por conta própria, que você teve um monte de amizades que te decepcionaram, outras tantas seguem firmes e fortes, que você já se decepcionou muitas vezes, que você quase morreu algumas vezes, mas que em todas as vezes você viveu, e tá vivendo, que você gosta de comer ovo quente na casquinha, que às vezes você não consegue responder na mesma hora a uma pessoa que te irritou e só acha uma resposta boa de madrugada na cama antes de dormir, mas aí já é tarde, eu te olho e sei que você é um mundo dentro do mundo que o mundo é.

Mas sabe o que é mais engraçado? Agora que eu me sinto carne da sua carne, que nós somos irmãos na carona compartilhada da experiência humana... a gente chegou.

Pode encostar aqui mesmo?
Se puder dar aquelas cinco estrelinhas, pra dar aquela moral...
Desculpa qualquer coisa.

Salta. Blecaute.

SALTO 30 – ABSTRAÇÃO

O palco está vazio. Ouve-se uma gravação com a voz de um locutor.

> É tudo uma questão de fé.
> Observem ali o ator na ponta da rampa, no canto inferior direito.
> Acompanhem a maneira suave com que ele atravessa o palco.
> Eu arriscaria dizer que ele nunca esteve tão feliz.
> Ele chega ao topo da rampa e salta.
> Fim.
> Viram? Espero que sim.
> Quem não viu, não se angustie: pode ser que a ideia tenha chegado antes da imagem.
> Quase sempre é preciso crer pra ver.

Blecaute.

A rampa muda de posição.

[Posição 4]

SALTOS 31 A 42 – O AMOR É LIMBO

Se você quer mesmo falar disso eu te digo que o amor é queda.

É como se diz em inglês: *to fall in love*.

Amar é cair num poço iluminado artificialmente por tempo limitado.

Aí o amor acaba, a luz se apaga e você diz: estou no fundo do poço.

Errado!

Já tava!

O amor é o poço.

Eu sei porque já caí muitas vezes.

A primeira vez eu tinha 8 anos, o nome dela era Valentina: tudo muito platônico, mas às vezes parecia que não, porque ela ria de alguma coisa que eu dizia, às vezes até me emprestava a borracha.

Um dia, alguém na classe percebeu esse movimento e começou a tão temida cantiga: "tá namorando, tá namorando".

Então ela pegou minha cabeça... e bateu violentamente no chão até sangrar pra provar que nós não estávamos namorando, que nunca, em hipótese alguma, nós estaríamos namorando.

Essa foi só a primeira queda (31), mas ali, com o sangue escorrendo pelo meu rosto, já deu pra entender que o amor era um assunto violento.

No fim da adolescência, a segunda queda: Mariana.

A mesma vontade de protestar contra um estado de coisas de uma sociedade doente, a mesma vontade de passar noites em claro descobrindo a torrente do sexo, a mesma vontade de fazer faculdade fora... Peraí, eu não quero fazer faculdade fora!

Fim da segunda queda (32).

Umas seis ou sete quedinhas (33, 34, 35, 36, 37, 38 e 39), todas em poços mais rasos, até a terceira grande queda: Maria Júlia.

Nunca estive em um poço tão bonito: um poço tão bonito que a gente até chamava de casa. Ajudava o fato de que ela era arquiteta e de que eu era completamente apaixonado.

Eu olhava pra ela e pensava: só duvida do amor quem nunca esteve lá. Quem nunca esteve *aqui*, e aqui era a dimensão real de construir uma vida a dois, nos seus melhores e piores momentos. E mesmo os piores momentos eram bonitos, porque a gente tava junto.

A gente começou a falar nosso próprio dialeto e tinha a certeza clara de estar compartilhando uma mesma epifania com a qual a gente enfrentava a morte e a falta de sentido das coisas.

Até que um dia ela começou a esquecer umas palavras do nosso dialeto. Eu voltava a ensinar pra ela, mas ela tornava a esquecer, e a perda começou a ser progressiva e devastadora e de repente as malas tavam na porta e era estranho, porque a gente não ia viajar.

Mas não era estranho: era o fim daquela epifania compartilhada. Era ela saindo da nossa epifania, que na verdade era um poço, pra mergulhar num outro poço junto com um cara que era o meu melhor amigo.

Ainda tentei argumentar: fica um pouco mais, essa epifania é espaçosa, espera pelo menos amanhecer. Sem sucesso (40).

Depois dessa eu disse foda-se, o que nos leva à quarta queda: Manoela.

Eu dizia foda-se e enchia a cara e ela estava no mesmo bar, bebendo e dizendo foda-se pelos motivos dela.

Assim a gente se encontrou e começou misturando uísque com ansiolítico, sodomia com traumas infantis, pornografia russa com literatura epistolar, mas quando eu vi a gente tava mesmo era misturando comida chinesa com comédia romântica.

Um poço gostosinho, onde eu tinha alguém pra dividir uma garrafa de vinho e coçar as minhas costas, mas o amor é isso? Só isso? Jura que não tem mais nada? Achei que era hora de sair (41).

Até hoje não entendo por que saí desse poço: foi o mais perto da paz que eu já estive. Um ano depois, encontrei com ela por acaso na rua: grávida. E linda.

Então é isso: desde então eu tenho a mais funda certeza de que não vou cair nunca mais nesse poço. Não vou porque não posso. Eu não tenho nem mais musculatura pra isso.

Eu entendo que a gente possa estar se confundindo, aqui em cima dessa pedra, esse pôr do sol, estranho seria se a gente não se confundisse, mas é só porque a gente tá dividindo uma experiência estética.

O beijo também: foi um impulso muscular, que faz parte desse pacote da experiência estética do pôr do sol visto de cima da...

Aonde você vai? Como assim mergulhar, cê tá vendo a distância que tem dessa pedra até o mar? Eeeee-eeeeeeei!

Cê tá louca?

Cê tá bem?

Não, você tá enganada, eu não mergulharia nem que eu tivesse perdidamente apaixona...

Tira o casaco. Olha na direção do mar, respira fundo e... mergulha (42).

A rampa muda de posição.

Neste movimento, a cada salto, a rampa muda de posição através da operação de um contrarregra.

[Posições de 5 em diante]

SALTO 43 – A VIDA HUMANA

Uma gag física. Para cruzar a rampa da extremidade inferior à extremidade superior, o ator:

1) Sai da barriga da mãe
2) Senta
3) Engatinha
4) Tenta se levantar e cai
5) Consegue ficar de pé
6) Anda cambaleante com dificuldade
7) Anda com desenvoltura
8) Anda com mais desenvoltura
9) Saltita
10) Corre
11) Sente uma dorzinha no joelho
12) Fica arqueado e começa a mancar
13) Anda de bengala
14) Anda de andador
15) Cai de quatro
16) Fica pendurado na borda da rampa

O contrarregra muda a rampa de posição. O ator cai do alto da rampa.

SALTO 44 – BONECAS RUSSAS

Oculto atrás do ponto mais alto da rampa, o ator posiciona, sobre a rampa, uma miniatura idêntica desta rampa.

Sobre a rampinha em miniatura, surge um bonequinho vestido com o mesmo figurino do ator.

A iluminação, em foco absolutamente fechado, ilumina exclusivamente a miniatura da rampa.

Falando um gromelô cheio de blá-blá-blás, o ator, como manipulador, faz a trajetória do bonequinho pela rampa, até o salto.

O ator muda a rampa de posição.

SALTO 45 - BRASIL, UMA METÁFORA

Dessa vez, o ator sobe diretamente no topo da rampa.

Olá.
Eu sou uma metáfora para o Brasil contemporâneo e espero que vocês me compreendam.

O ator rola ruidosamente do topo da rampa até sua base.

Enquanto o contrarregra reposiciona a rampa, a cabeça do ator, pendurada para fora da rampa, vai batendo no chão do palco.

SALTO 46 – UM ASSUNTO NATURAL

Eu acho engraçado o pavor que as pessoas têm da própria morte.
Só sofre quem tá vivo, quem morreu não sente dor nenhuma.
Você me pergunta: você não sente medo?
Claro que não: eu não vou estar lá.
Quando eu morrer, não vou mais ser eu.

À medida que o ator vai se aproximando do topo da rampa, um lento desespero vai gradativa e ascendentemente surgindo em sua voz.

Por isso eu digo, viva sem medo.
Não gaste tempo com isso.
O medo é o pior inimigo, sempre.

Já há bastante desespero em sua voz.

É só ficar tranquilo e firme e positivo e curtir e EU NÃO QUERO ISSO.
PELO AMOR DE DEUS. TÁ CHEGANDO, NÉ? ALGUÉM ME AJUDA.
ME DEIXA FICAR MAIS UM POUCO.
EU NEM MOLHEI AS MINHAS PLANTAS...

Quando a queda do ator parece inevitável, soam os primeiros acordes da introdução de uma canção.

SALTO 47 – CANÇÃO NUMA HORA DESSAS?

O ator canta uma canção enquanto o contrarregra gira a rampa, como em um número musical.

Numa hora dessas

Aposto que você
Não contava com a promessa
De assistir
Nascer
A canção numa hora dessas
Mas vê só
Nasceu
Sou livre pra falar
Da flor, de Deus,
Do amor, do mar
Mas não
Só quero estar aqui
Diante de vocês
E tudo o mais deixa rolar

É muito bom cantar
E não ter que fazer sentido

Depois deixa pra lá
Entrou e saiu pelo outro ouvido

SALTO 48 – A EVOLUÇÃO DO HOMEM

Outra gag física: para percorrer a trajetória da rampa, da extremidade inferior à superior, o ator imita as poses daquelas cartelas de evolução dos primatas até os seres humanos, passando pelos seguintes estágios:

1) Primata
2) Primata humanoide
3) Homem bípede meio corcunda
4) Homem bípede menos corcunda
5) Homem bípede
6) Homem bípede desenvolto e altivo
7) Homem bípede desenvolto, altivo e sociável
8) Homem bípede desenvolto, altivo e sociável que pega um telefone celular no bolso
9) Homem bípede corcunda usando um celular
10) Primata usando um celular
11) Primata tirando uma selfie

Eis que, do céu que é o urdimento, cai uma sacola plástica vermelha sobre a rampa do cenário. Ele guarda o celular no bolso e caminha instigado até a sacola.

SALTO 49 – A SACOLA DE HAMLET

O ator olha para a sacola plástica pousada sobre a rampa.

> Ei.
> Eu conheço você.
> Peguei você no mercado.
> Foi dentro de você que eu carreguei um desentupidor de pia, uma bandeja de nêsperas, uma dúzia de ovos, três pacotes de pipoca de micro-ondas sem gordura hidrogenada.
> Eles dizem que é sem gordura hidrogenada, mas nunca dá pra saber.

Abaixa-se até a sacola.

> Eu me lembro do chiado das suas alças se abrindo.
> Fiquei impressionado com a sua disponibilidade.
> Fiquei imediatamente grato pela sua continência, sua generosidade de dividir o peso das compras comigo.
> É nessas horas que a gente vê quem se importa com a gente de verdade.
> Me lembro de pousar você sobre a mesa e, na hora que eu ia te abrir suavemente para tirar as compras, reparar nas falanges dos dedos da minha mão.
> De ver em meus dedos sulcos fundos e avermelhados do contato da sua com a minha pele.
> Se é marcante, mesmo um encontro breve deixa rastros.

Pega a sacola nas mãos.

É bom te ver.

É bonito te reencontrar.

Se você não se importar, eu queria te fazer um pedido.

Daqui a pouco eu vou partir.

Essa carne que te toca estará servida na mesa de um grande banquete de vermes.

Isso me dói um pouco, mas é assim que as coisas são.

Levanta-se com a sacola nas mãos.

Pois bem: me conforta saber que quando eu perecer, você permanecerá.

Que você permanecerá por muitas outras incontáveis vidas de sujeitos esquecíveis como eu.

Que você assistirá a outros tantos homens patéticos comprando desentupidores de pias e bandejas de nêsperas na esperança difusa de verem desentupidas suas pias ou artérias.

Bem, é aí que entra o meu pedido:

Vira-se para o outro lado.

Quando reinar absoluta em seu reino longínquo das águas, por favor: tente não se esquecer de mim.

Eu tenho consciência de que esse pedido aparentemente simples é, na verdade, grandioso.

Mas embora eu talvez aparente calma, há paixão e mesmo um tanto de desespero em meu pedido.

É apenas isto, simples assim, complexo assim:

Não se esqueça de mim.

Solta a sacola e segue.

A certeza de sua eternidade é o conforto da minha finitude.

Salta.

SALTO 50 – LIVING IS EASY WITH EYES CLOSED

Quatro ou cinco sacolas plásticas caem do céu. O ator sobe a rampa e recolhe uma sacola. O contrarregra gira a rampa lentamente pelo palco.

Como é bom amadurecer.
Antes eu me impressionava com qualquer coisa.
Qualquer notícia sobre aquecimento global, derretimento das geleiras, extinção das abelhas, fim da água potável, proliferação das epidemias, e eu já ficava em pânico.
Não precisava de muito, falou sobre fim da civilização, e eu já suava frio, chegava a tremer.
Agora, não.
O tempo ensina que o importante é se divertir.

Coloca nos olhos uma venda feita de sacola plástica e vai andando sobre a rampa às cegas, sempre à beira do precipício.

E diversão é o que não falta: tem filme no *streaming*, aplicativo de paquera, tutorial de *slime*, podcast de amigo, jogo de tabuleiro...
Claro que de vez em quando bate uma angústia, mas sem uma angustiazinha também não tem graça.
No fim, é isto: quem olha pro lugar certo, não erra o caminho.

Salta.

SALTO 51 – PREVISÃO DO TEMPO

O contrarregra segue girando a rampa pelo palco. O ator vai falando enquanto se equilibra sobre a rampa em movimento.

E vamos agora à previsão do tempo.
Lembrando: não podemos garantir nada.
É só uma previsão.
Se não fosse uma previsão, chamaria apenas "tempo".
Mas vamos a ela.
Prevejo tempos sombrios, com pancadas de obscurantismo ao longo de todo o período entre breves intervalos de placidez.

O contrarregra estaciona a rampa com o ator posicionado em seu ponto mais alto e sai de cena.

O sol da razão aparece ocasionalmente, mas quase sempre o tempo estará encoberto pelas nuvens da brutalidade.

Uma chuva de sacolas plásticas começa a tomar o palco.

Em alguns lugares, os ventos da tristeza chegarão a quase 200 quilômetros por hora.
Em todas as regiões do mapa em que se vê céu claro, há uma tempestade de desamparo se aproximando.
Por fim, nesta região onde soprava uma brisa de renovação, está prevista uma forte geada de selvageria e barbárie que pode causar danos ao patrimônio público e o cancelamento do conceito de futuro.

Em Cuiabá, calor, máxima de 42 graus.
Agora vamos ao vivo com nosso repórter, Andrei Guarizo.

O ator corre até a base da rampa se desviando das sacolas plásticas acumuladas no caminho.

SALTO 52 – DESTROÇOS

O ator caminha entre um batalhão de sacolas plásticas enquanto o contrarregra volta a girar a rampa.

Daqui de perto as imagens impressionam. A onda de lama deixou marcas por toda parte. Os destroços são estarrecedores. Casas parcialmente demolidas pela força das águas, carcaças de veículos automotivos, imensos galhos de árvores centenárias, estrados de camas, placas de sinalização, corpos de pessoas e animais.

Eu vou pedir pra vocês chegarem mais perto pra mostrar isso daqui: centenas, talvez milhares, de objetos que foram arrancados das casas das pessoas aqui de Brumadinho. A gente vê aqui um escorredor de macarrão de uma macarronada que não vai mais acontecer neste domingo, uma mesa pra jogar baralho onde não vai ter mais carteado, uma vitrola que não vai mais tocar nenhum disco do Pixinguinha.

O contrarregra estaciona a rampa.

Eu vou pedir pra vocês chegarem mais perto pra mostrar esses outros objetos do pessoal de Mariana, também tá cheio de coisa por aqui, bem aqui ao lado, olha só, das cinzas do Museu Nacional, mal dá pra reconhecer o que eram esses objetos, afinal é tudo pó, do pó viemos, ao pó retornaremos, tem o pó do esqueleto de uma baleia misturado com o pó do trono do rei de Daomé, o pó da penteadeira de Dom João VI mesclado com o pó do meteorito de Bendegó, porque é isto que somos: poeira de estrelas, então eu vou pedir pra vocês chegarem mais perto...

A luz vai caindo em resistência a partir deste instante, deixando o palco na penumbra.

... pra ver aqui os corpos das vítimas da Chacina da Candelária, os presos mortos no Carandiru, os garotos vítimas do incêndio no CT do Flamengo, os meninos da escola de Suzano, logo ao lado de todos os homossexuais e transexuais assassinados, ao lado dos mortos na guerra ao tráfico, dos mortos por armas de fogo em brigas de trânsito, das mulheres assassinadas por seus parceiros violentos, dos ativistas e militantes mortos durante a ditadura militar, Marielle, Chico Mendes, Dorothy Stang, Ágatha Félix, estão também todos aqui nesta exposição permanente.

A luz vai se restabelecendo e voltando a iluminar toda a cena.

Pra todo mundo que quiser visitar a exposição, o Museu das Nossas Vergonhas está aberto 24 horas por dia ao ar livre e com entrada franca. A exposição fica em cartaz por tempo indeterminado. O grande desafio para o visitante é se desviar o tempo inteiro do horror sem cair de joelhos.

Se você ainda não viu, corra. Se já viu, sempre vale voltar porque o acervo é permanentemente atualizado.

SALTO 53 – APOCALIPSE DELIVERY

O contrarregra empurra a rampa em altíssima velocidade e o ator tenta sobreviver enquanto diz o texto.

>Oi, boa noite. É da central de atendimento ao consumidor? Eu acho que houve um engano: eu pedi uma renovação, vocês mandaram o apocalipse.
>
>É o apocalipse, sim, eu tô vendo. Veio um cavaleiro me entregar, disse que ainda vêm mais três, eu gostaria de cancelar. Eu não tenho nem condição de receber um evento desse porte. Não posso nem estar consumindo isso, eu sou alérgico a apocalipse.
>
>Como assim, não tem como devolver? Me deixa falar com seu supervisor.
>
>Seu supervisor morreu? Como isso é possível? Quer dizer que tudo isso tá acontecendo e ninguém tá vendo? Tem que ter um supervisor! Cadê o seu supervisor?
>
>CADÊ O MEU SUPERVISOR? EU QUERO O MEU SUPERVISOR!

O contrarregra solta a rampa e ela fica girando sozinha até perder a velocidade por completo e parar.

SALTO 54 – A NECESSIDADE É A MÃE DE TODA INVENÇÃO

Depois do apocalipse, num palco repleto de sacolas plásticas por todos os lados, o ator está deitado sobre a rampa, desfalecido. Acorda. Muito lentamente se levanta. Olha para os lados. Tira a poeira do corpo. Olha o cenário de destruição ao redor.

> Não é porque o mundo acabou que a gente vai parar de viver.

Pega algumas sacolas plásticas pelo caminho e vai vendendo, como um bom ambulante.

> Olha a sacola plástica: novinha, resistente, durável, sacola plástica.
> Olha a sacola plástica, dura mais do que você, mais do que o mundo todo.

Chega ao topo da rampa anunciando as sacolas para o que restou do mundo.

> Olha a sacola do fim do mundo! É a sacola do fim do mundo, olha a sacola do fim do mundo...

SALTOS 55 A 60 – A RESPOSTA DE VALÉRIA

55.

O ator ainda com as sacolas na mão do salto anterior muda bruscamente o registro.

VALÉRIA: ... isso não é o fim do mundo, André.

Solta as sacolas que estavam em suas mãos e começa a descer a rampa, caminhando no meio-fio, como se andasse numa corda bamba.

VALÉRIA: Desde a festa de ontem à noite, quando você saiu xingando a mim e ao Gabe, eu não consegui parar de pensar em um monte de coisas e achei que devia compartilhar com você.

Espero que você possa se abrir pra ouvir e que essa mensagem realmente te encontre, sem se extraviar no meio de outros sentimentos nessa travessia incerta e sinuosa que há entre os nossos jeitos de existir.

Salta. Continua falando enquanto reposiciona a rampa.

VALÉRIA: Na hora em que você saiu, no meio daquela confusão bizarra, você xingando todo mundo, eu só conseguia te achar um idiota, senti uma raiva muito grande, fiquei puta, me sentindo injustiçada. Meu corpo tremia inteiro, eu mal conseguia ficar de pé. O Gabe perguntou se eu queria ir embora, mas eu preferi não. Eu me sentei numa cadeira, tomei um copo d'água e aos poucos fui me acalmando.

56.

A rampa volta à posição 1. O ator repete os mesmos movimentos na pista de dança que fez nos saltos de 1 a 5.

VALÉRIA: A respiração foi normalizando, meu coração voltou a bater numa velocidade cruzeiro e eu comecei a reparar nas pessoas na pista de dança e lembrei de como você gostava de fazer isso, no tempo em que a gente tava junto. Talvez você goste ainda hoje. Eu nunca vi muita graça nessa brincadeira, sempre preferi dançar a observar. Mas ali, naquele momento, eu finalmente entendi qual era a graça: é que a pista de dança é uma versão em miniatura do mundo, e o mundo é uma espécie de pista de dança onde cada um reage como sabe e como pode à música que começa a tocar na *playlist* do cosmos. E essa *playlist* tá quase sempre em ordem aleatória.

Salta. Continua falando enquanto reposiciona a rampa.

VALÉRIA: Então a *playlist* aleatória dos meus sentimentos me transportou pro dia em que a gente se apaixonou.

57.

A rampa está agora na posição 4. O ator caminha até o topo da rampa e se senta.

VALÉRIA: Lembrei da gente sentado naquela pedra, durante aquele pôr do sol obsceno. É quase meio ridículo se apaixonar durante uma imagem tão clichê quanto essa, quase ofende a inteligência, você dizia. Mas, pra mim, o pôr do sol é uma encruzilhada: ou você vê uma imagem esvaziada de tanto estampar os protetores de tela, ou você vê um acontecimento cotidianamente extraordinário. Você me contou de todas as suas decepções e quedas pra me desencorajar, mas me deu uma vontade louca de ir pro fundo do poço com você... e eu mergulhei.

Salta. Continua falando enquanto reposiciona a rampa.

VALÉRIA: Lembrar do começo me fez lembrar do fim. Um dia eu simplesmente senti que precisava ir embora. Eu juro que gostaria de poder ter explicado cada ponto como alguém que explica uma equação matemática.

58.

O ator reposiciona a rampa para a posição 3. Atravessa a rampa com a mesma partitura física do salto 43.

Mas a questão é que as coisas são mesmo regidas pelo mistério.

É um milagre que exista a vida, e que cada um de nós nasça. Não necessariamente um milagre religioso, mas certamente um milagre matemático. Estatisticamente é como se todo mundo que nasce já tivesse ganhado numa loteria antes de morar no útero da mãe, e a gente se esquece disso e passa a vida temendo a morte e não sabendo lidar com as coisas quando acabam. Mas se a gente se lembrar que nascer é tão improvável quanto glorioso, é possível encarar o envelhecimento e a morte como uma inevitabilidade bonita dentro do milagre fundador que é a vida de cada um.

Pra mim, isso também vale para o fim do amor.

Salta. Reposiciona a rampa.

E dá pra dizer fim do amor? Nem isso dá. Nem sei o que dá pra dizer, nem sei a quem interessa o que eu digo.

E ainda assim vou dizendo. E por isso mesmo vou dizendo.

59.

A rampa está na diagonal oposta à da posição 2. O ator carrega, nas costas, o colchão que recebeu suas quedas durante todo o espetáculo ou, ainda, a pedra de Sísifo. Sobe a rampa caminhando como uma pequena formiga que carrega um objeto com dez vezes o seu peso.

VALÉRIA: Não existe sol sem sombra, e é preciso conhecer a noite. A felicidade e o absurdo são dois filhos da mesma terra. As coisas terminam e a gente carrega a pedra da perda nas costas, e essa pedra pesa o que pesa o mundo. Mas quem não carrega a própria pedra que atire a primeira, e um homem, com uma pedra, é muito mais elegante. Tinha uma pedra no meio do caminho: eu abracei a pedra e nós saímos pra caminhar.

Salta. Blecaute.

É preciso amar essa pedra como se ela fosse uma parte do nosso próprio corpo. Porque ela é. Mãos, pés, pedra. Braços, pernas, pedra. Cérebro, coração, pulmões, rins, intestino, fígado, pedra.

60.

O ator reposiciona a rampa na posição 4, novamente.

VALÉRIA: Isto não é um conselho doce ou a certeza de que tudo vai dar certo. Esta aqui é a festa da incerteza. Toda e qualquer batalha já está perdida e a gente luta. Essa montanha não pode ser escalada e a gente sobe. Nada faz sentido e a gente inventa.

A vida é impossível, mas nós seremos pra sempre os dissidentes furiosos dessa causa.

O ator desce da rampa e chega ao limiar do proscênio, na beirada do abismo que divide palco e plateia.

Agora, por exemplo: não se chega a um lugar sem passar por outros.

O ator salta na direção da plateia. Blecaute.

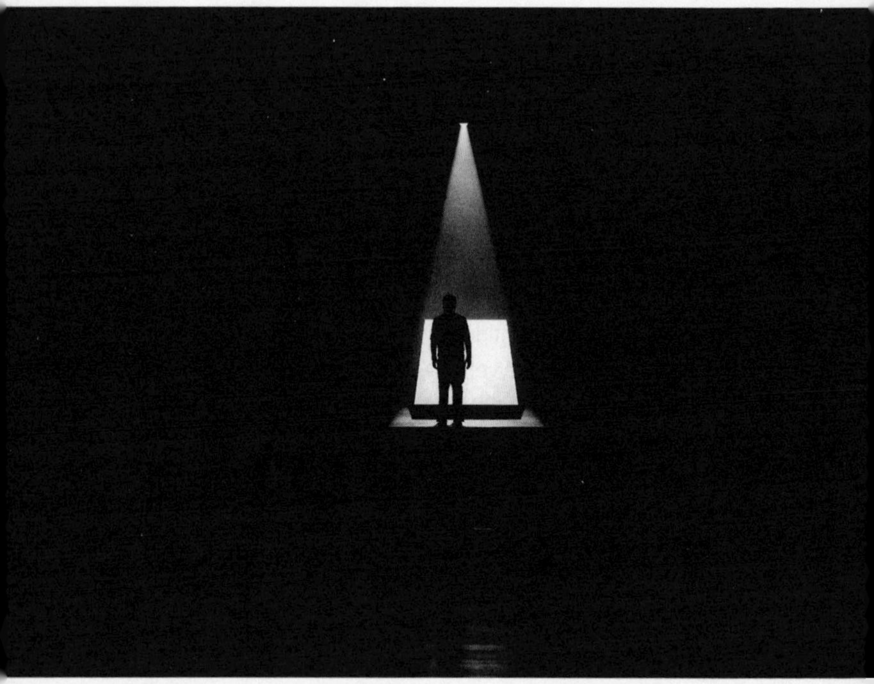

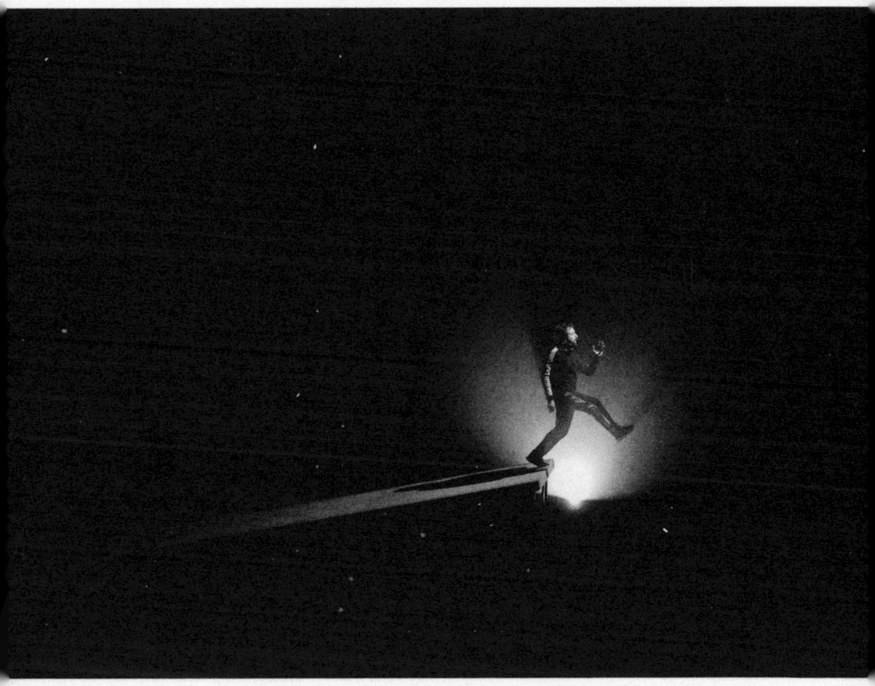

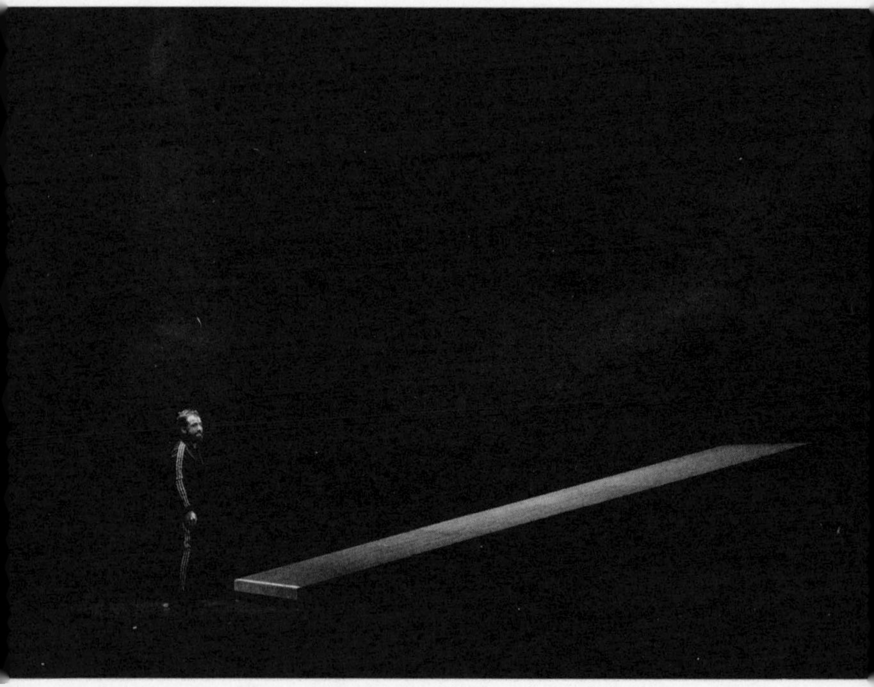

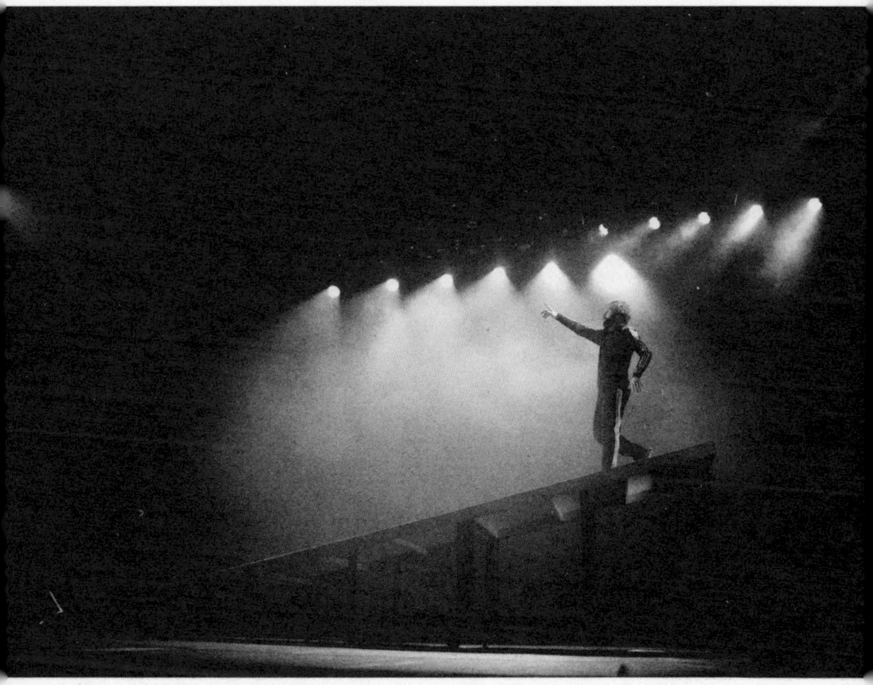

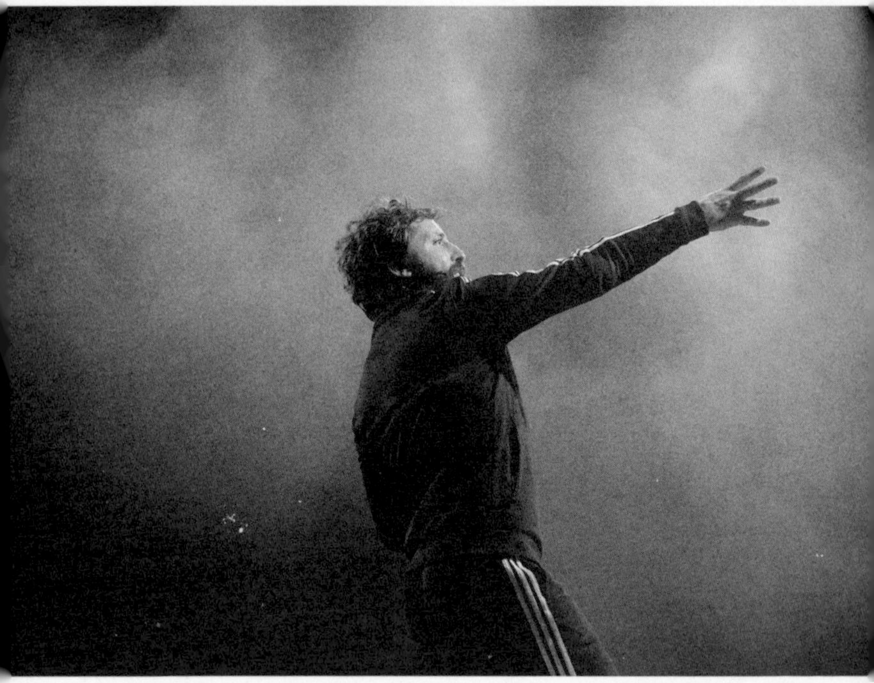

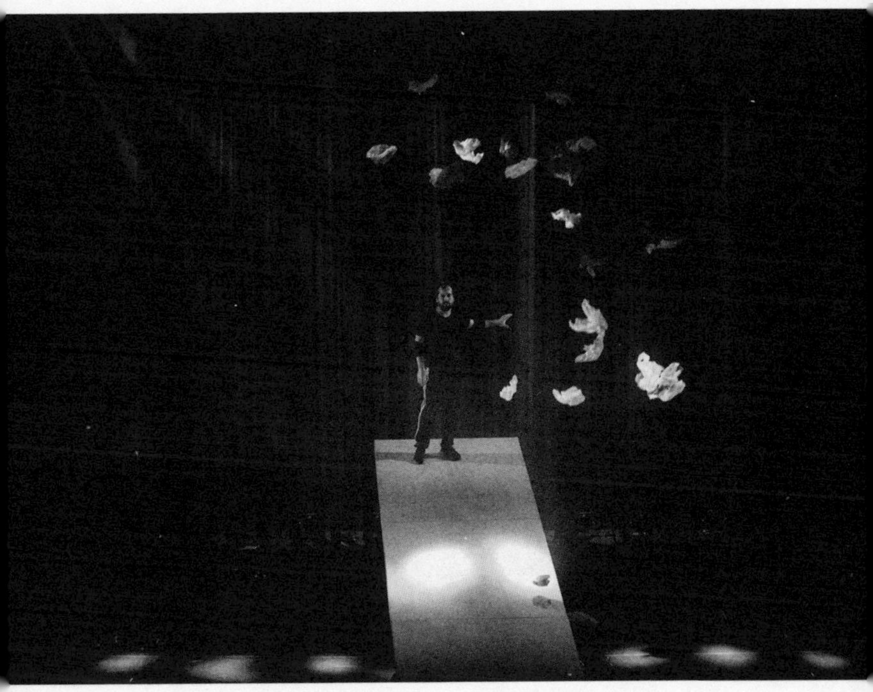

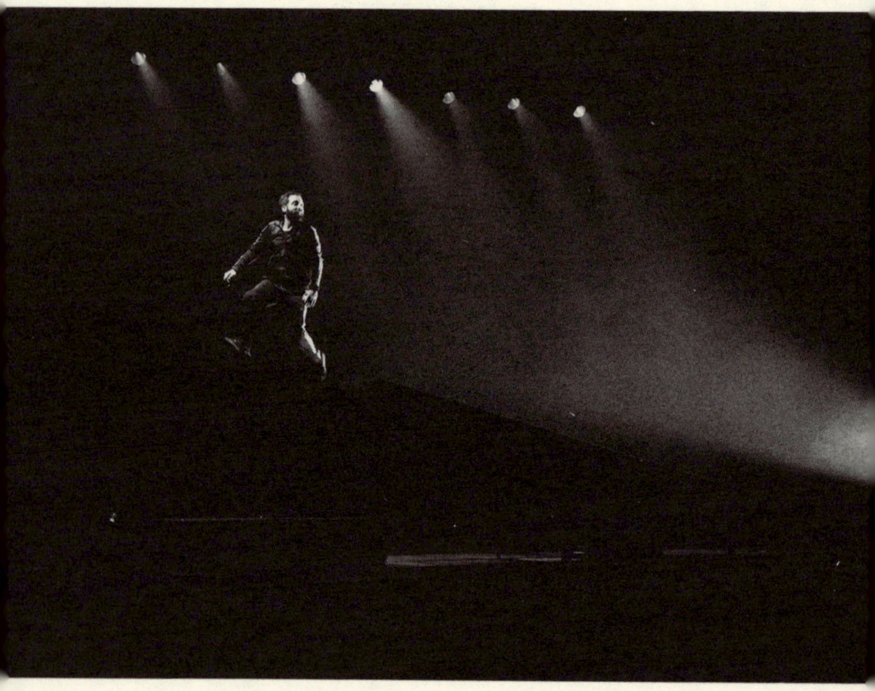

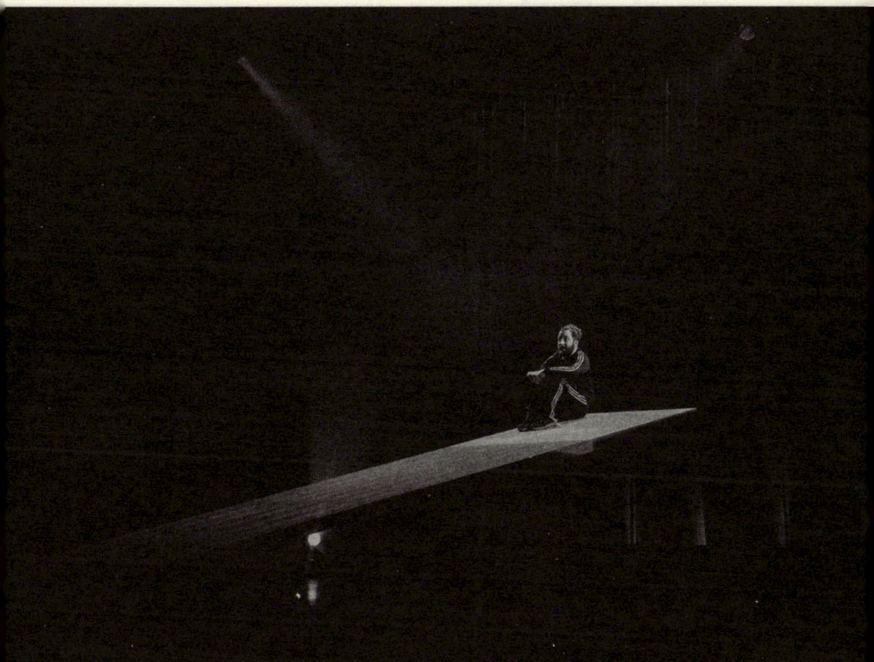

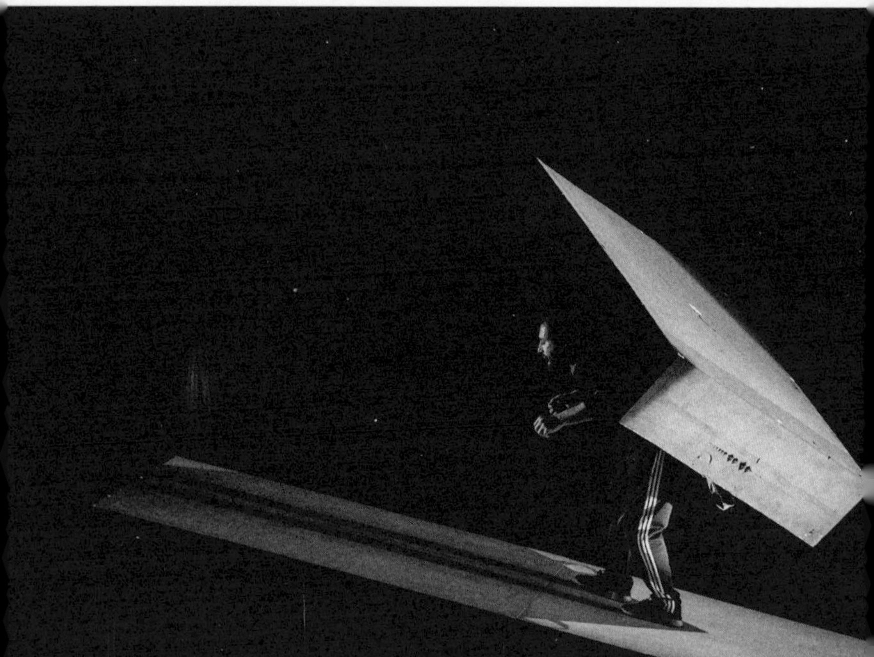

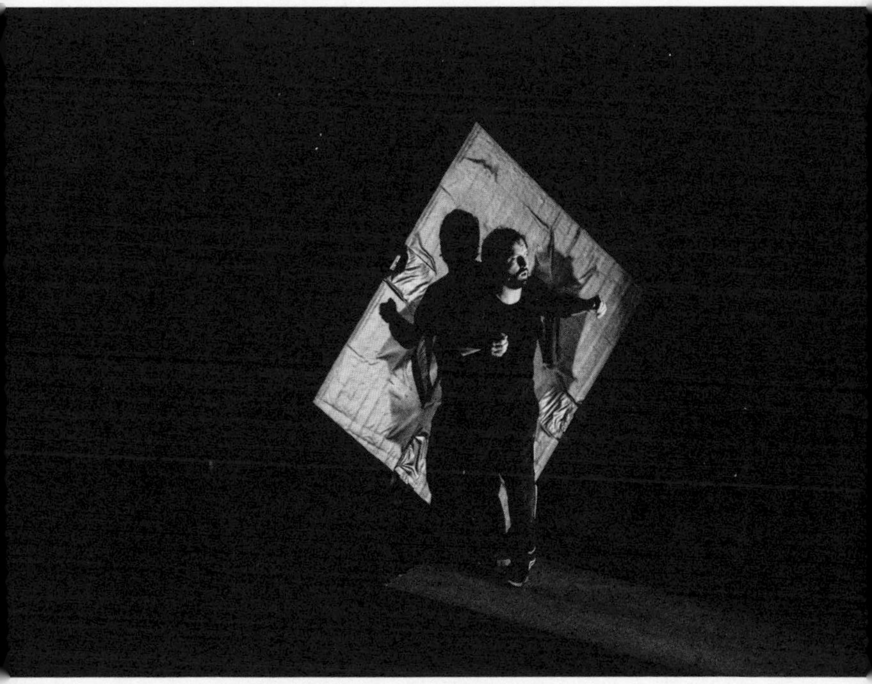

Sísifo vive,
ou permanentes repetições inéditas

Na pista de dança que é o mundo, onde toca em modo aleatório a *playlist* do cosmos, o teatro é a nossa epifania dionisíaca compartilhada.

Quando nos demos conta de que Baco poderia dar a mão a Sísifo, iniciamos instantaneamente nossa jornada montanha acima carregando a pedra nos braços – e é bonito relembrar como o processo se deu, posto que não se chega a um lugar sem passar por outros.

Porque se Sísifo nos fala da repetição, ele nos fala de teatro: cada intérprete é sempre um pouco Sísifo, noite após noite, repetindo frases, gestos, entonações, repetindo, repetindo, repetindo, para que tudo seja sempre novo a cada noite. Permanentes repetições inéditas.

A topografia ascendente da montanha de Sísifo foi traduzida cenicamente na rampa desenhada por André Cortez e iluminada por Wagner Antônio. Com a rampa, a pergunta: se para baixo todo santo ajuda, para cima quem olhará por nós? É essa a pergunta que nos fazemos enquanto assistimos ao Brasil descendo a ladeira, torcendo para que não morra no asfalto.

Todo espetáculo é a soma de um monte de desejos doidos, maravilhosos e irrefreáveis que passaram nas peneiras dos corações e mentes de quem os construiu. Aqui não é diferente: queríamos falar de gifs e memes, e que nossa dramaturgia absorvesse essa linguagem sem precisarmos recorrer à literalidade. Queríamos ser um pouco como o Millôr, um pouco como a Laerte: a cena pode ser charge e a charge pode ser cena? Queríamos ser sintéticos, mas nem por isso menos líricos.

Mas nós queríamos mais: falar do absurdo ontológico da vida e dos absurdos intoleráveis do nosso tempo. Pensar que planeta deixaremos para as sacolas plásticas. Compreender que não há esperança para a humanidade e relembrar que o que nos faz e nos mantém humanos é ter esperança. Queríamos traçar uma linha que unisse a pergunta de Hamlet ao ser ou não ser de Camus: é essa a questão? Queríamos e queremos falar de amor e dançar na pista de dança desta grande festa da incerteza, como faria Domingos de Oliveira – a quem, não por acaso, este texto é dedicado.

Acima de tudo, queríamos estar juntos. Nada me tira da cabeça que o teatro é uma invenção cujo mais nobre propósito é nos permitir compartilhar momentos com pessoas que amamos. Primeiro, foi o desejo de estar junto com Gregorio, que é um dos maiores artistas de minha geração e de todas as gerações: conviver diariamente com sua genialidade, sua inteligência aguda e sua originalidade de intérprete é um dos melhores usos que se pode dar à própria vida.

Deste encontro fundador se originaram outros encontros transformadores, com pessoas extraordinárias que merecem ser louvadas em prosa e verso: Andrea Alves e Leila Maria Moreno, artífices e artesãs da materialização do impossível;

Mayara Constantino, olhar precioso e preciso com o selo de infalibilidade virginiana; Fabricio Licursi, mestre em abrir caminhos no corpo para que o corpo abra caminhos; Mariá Portugal, sintonia sinfônica, descobridora e inventora de atmosferas; Fause Haten, artista múltiplo, catedrático da dramaturgia do vestir; Wagner Antônio, que irradia em si mesmo o brilho das luzes que desenha com rigor e amorosidade; André Cortez, um igarapé mansinho nascido no interior de Minas que deságua no oceano borbulhando ideias e transformando espaços. Estes e tantxs outrxs, que já estiveram e que estarão: no meio de tanta gente querida e brilhante, subitamente, a pedra já não pesa tanto.

Sísifo está em nós e nós estamos com ele. E é com ele que vamos. Que é um modo de também irmos conosco.

Uma trajetória em que só conhecemos o ponto de partida e o ponto de chegada e toda a travessia entre essas extremidades precisa ser preenchida de maneira original: qualquer semelhança com o que conhecemos por *vida* não terá sido mera coincidência.

Vinicius Calderoni

Tudo começou com um encontro

Tudo começou com um encontro. Apaixonei-me por um jovem rapaz e, por não termos qualquer atração sexual um pelo outro, tivemos que inventar um trabalho. Pra isso serve o teatro, afinal, pra canalizarmos de outro jeito a energia sexual. Fazer teatro é uma maneira de transar com pessoas sem precisar tirar a roupa (embora tão frequentemente a gente acabe tirando).

Faz tempo que queria trabalhar com Vinicius Calderoni, e durante os últimos anos nos encontrávamos todo mês pra falar dessa peça, que ainda não existia, e da qual não tínhamos nada, a não ser a vontade de falar de tudo. Nascemos no mesmo ano e dividimos uma dúzia de paixões (o teatro, o meme, a canção popular, a anedota, o nome das coisas, as coisas que não têm nome, as pessoas que se parecem com outras pessoas, as coisas que parecem pessoas, as pessoas que têm nome de coisa).

Ficávamos 12 horas rindo da mesma piada, em algum bar do Rio ou de São Paulo. Eu bebia cerveja e Vinicius pedia água mineral, eu comia dois hambúrgueres e Vinicius, uma berinjela, eu fumava 12 cigarros de enrolar e Vinicius anotava tudo em seu caderno, e surpreendentemente entendia tudo depois.

"A história se repete", dizia Marx, "a primeira vez como tragédia e a segunda como farsa". Acrescentamos: "a terceira vez como um gif". Partimos dessa ideia de que estamos todos presos dentro de algum mecanismo cíclico. No princípio, era um gif. Ninguém melhor pra encarnar esse sentimento gífico que o nosso herói mais cíclico: Sísifo, o gif em pessoa.

Percebemos que essa imagem traduzia um bando de ideias que queríamos abordar. A história do Brasil é a história do rompimento de barragens. A história das relações amorosas é a história de um desmoronamento – que nem por isso impede ninguém de se apaixonar. A história da humanidade é a história de um progresso cujo custo, ao que parece, será o fim da civilização.

Escrevemos juntos, Vinicius e eu, mas Vinicius escreveu muito mais que eu. Os gênios que conheci na vida eram caóticos ou preguiçosos, e Vinicius é um tipo inusitado de gênio, que é o gênio virginiano – e eu não acreditava em astrologia até conhecê-lo. Pra cada ideia de cena, Vinicius trazia três opções diferentes, e na véspera do que tínhamos combinado, e todas as cenas eram brilhantes, então tínhamos que usá-las todas.

Juntamos ao nosso redor os melhores companheiros de jornada. Mayara Constantino foi assistente e também atriz, encarnando os interlocutores invisíveis do texto, que até hoje, pra mim, têm a voz dela; Fabricio Licursi trouxe o contato com os espaços internos do corpo e seus mil desdobramentos possíveis no diálogo com a topografia íngreme; Mariá trouxe a trilha, piso, céu, fundo e cama elástica desse espetáculo; Wagner inventou uma luz que empurra ladeira acima e abraça no precipício; André Cortez desenhou uma rampa em que cabe tudo, da montanha à pista de dança, e ainda por cima gira, e cabe em qualquer caçamba, pra alegria da produção. E falando na produção: nada disso teria existido sem a Sarau.

Produzir uma peça sem texto é uma aposta louca. Produzir sem qualquer perspectiva de patrocínio é uma coisa de gente que precisa se tratar. Mas que alegria que essas pessoas existem, e que não sou seu gerente de banco. Andrea orienta o carnaval, Leila organiza o movimento, além de Elza, Priscila, Flavinha e quem mais topar entrar nesse barco.

Sísifo, o herói trágico, sabe que seu esforço será em vão – da sua consciência nasce a tragédia. Do teatro, também, nada fica. Ao fim de cada peça, morre uma peça. Mas ficamos com Camus: "A própria luta pra chegar ao topo basta para encher o coração de um homem."

O teatro é uma pedra que se empurra junto com um bando de gente. Obrigado a todos que dividem comigo essa empreitada. Giovanna e Marieta, obrigado pela parceria. A existência de vocês basta pra encher meu coração.

Gregorio Duvivier

Empório de Teatro Sortido

Criada em 2010 por Rafael Gomes e Vinicius Calderoni, a companhia Empório de Teatro Sortido tem como projeto abarcar diversas dimensões da cena, a partir da encenação de textos clássicos e contemporâneos, permitindo-se o intercâmbio com outras artes, manifestações e tecnologias e trabalhando com elencos e parceiros diversos.

Entre suas criações estão: *Música para cortar os pulsos* (2010), texto e direção de Rafael Gomes, vencedora do Prêmio APCA de Melhor Peça Jovem; *Não nem nada* (2014), texto e direção de Vinicius Calderoni, indicada ao Prêmio Shell nas categorias Melhor Autor e Melhor Atriz (Renata Gaspar), publicada pela Editora Cobogó; *Gotas d'água sobre pedras escaldantes* (2014), indicada ao Prêmio Shell nas categorias Melhor Atriz (Gilda Nomacce), Melhor Ator (Luciano Chirolli) e Cenário (André Cortez); *Árrã* (2015), texto e direção de Vinicius Calderoni, que recebeu o Prêmio Shell de Melhor Autor, publicada pela Cobogó; *Um bonde chamado desejo* (2015), adaptação e direção de Rafael Gomes para o texto de Tennessee Williams, vencedora dos Prêmios Shell de Melhor Diretor, Melhor Atriz (Maria Luisa Mendonça) e Cenário (André Cortez); *Os arqueólogos* (2016), texto de Vinicius Calderoni e direção de Rafael Gomes, vencedora do Prêmio APCA de Melhor Autor e indicada ao Prêmio APCA de Melhor Espetáculo e ao Prêmio Shell de Melhor Autor, também publicada pela Cobogó.

Também compõem o repertório da companhia: *Cambaio [a seco]* (2012), texto de Adriana Falcão e João Falcão com direção de Rafael Gomes; *O convidado surpresa* (2014), adaptação e direção de Rafael Gomes para o livro de Gregoire Boullier; *Jacqueline* (2016), texto e direção de Rafael Gomes; e *Chorume* (2017), texto e direção de Vinicius Calderoni, publicada pela Cobogó.

Sísifo é o 11º espetáculo da trajetória da companhia e foi indicado aos prêmios APCA de Melhor Dramaturgia, APTR de Melhor Texto e Melhor Cenário (André Cortez) e Cesgranrio, também na categoria Cenografia.

© Editora de Livros Cobogó, 2020
© Gregorio Duvivier e Vinicius Calderoni

Editora-chefe
Isabel Diegues

Editora
Mariah Schwartz

Gerente de produção
Melina Bial

Revisão final
Eduardo Carneiro

Projeto gráfico de miolo e diagramação
Mari Taboada

Capa
Beto Martins

Fotos
Capa e orelha: Pedro Bonacina | pp. 87, 88: Annelize Tozzeto |
pp. 14, 34, 47, 58, 62: Daniel Barboza | pp. 89, 92, 93: Elisa Mendes |
pp. 84, 85, 86, 90, 91: Joana Cesar

CIP-BRASIL. CATALOGAÇÃO-NA-FONTE
SINDICATO NACIONAL DOS EDITORES DE LIVROS, RJ

Duvivier, Gregorio
D982s   Sísifo / Gregorio Duvivier, Vinicius Calderoni. – 1. ed. – Rio de
Janeiro: Cobogó, 2020.
112 p. (Dramaturgia)
ISBN 978-85-5591-105-7

1. Teatro brasileiro. I. Calderoni, Vinicius. II. Título. III. Série.

20-63383   CDD: 869.2
                                            CDU: 82-2(81)

Meri Gleice Rodrigues de Souza- Bibliotecária CRB-7/6439

Nesta edição, foi respeitado o Acordo Ortográfico da Língua Portuguesa
de 1990, que entrou em vigor no Brasil em 2009.

Todos os direitos em língua portuguesa reservados à
Editora de Livros Cobogó Ltda.
Rua Jardim Botânico, 635/406
Rio de Janeiro – RJ – 22470-050
www.cobogo.com.br

COLEÇÃO DRAMATURGIA

ALGUÉM ACABA DE MORRER LÁ FORA, de Jô Bilac

NINGUÉM FALOU QUE SERIA FÁCIL, de Felipe Rocha

TRABALHOS DE AMORES QUASE PERDIDOS, de Pedro Brício

NEM UM DIA SE PASSA SEM NOTÍCIAS SUAS, de Daniela Pereira de Carvalho

OS ESTONIANOS, de Julia Spadaccini

PONTO DE FUGA, de Rodrigo Nogueira

POR ELISE, de Grace Passô

MARCHA PARA ZENTURO, de Grace Passô

AMORES SURDOS, de Grace Passô

CONGRESSO INTERNACIONAL DO MEDO, de Grace Passô

IN ON IT | A PRIMEIRA VISTA, de Daniel MacIvor

INCÊNDIOS, de Wajdi Mouawad

CINE MONSTRO, de Daniel MacIvor

CONSELHO DE CLASSE, de Jô Bilac

CARA DE CAVALO, de Pedro Kosovski

GARRAS CURVAS E UM CANTO SEDUTOR, de Daniele Avila Small

OS MAMUTES, de Jô Bilac

INFÂNCIA, TIROS E PLUMAS, de Jô Bilac

NEM MESMO TODO O OCEANO, adaptação de Inez Viana do romance de Alcione Araújo

NÔMADES, de Marcio Abreu e Patrick Pessoa

CARANGUEJO OVERDRIVE, de Pedro Kosovski

BR-TRANS, de Silvero Pereira

KRUM, de Hanoch Levin

MARÉ/PROJETO bRASIL, de Marcio Abreu

AS PALAVRAS E AS COISAS, de Pedro Brício

MATA TEU PAI, de Grace Passô

ÃRRÃ, de Vinicius Calderoni

JANIS, de Diogo Liberano

NÃO NEM NADA, de Vinicius Calderoni

CHORUME, de Vinicius Calderoni

GUANABARA CANIBAL, de Pedro Kosovski

TOM NA FAZENDA, de Michel Marc Bouchard

OS ARQUEÓLOGOS, de Vinicius Calderoni

ESCUTA!, de Francisco Ohana

ROSE, de Cecilia Ripoll

O ENIGMA DO BOM DIA, de Olga Almeida

A ÚLTIMA PEÇA, de Inez Viana

BURAQUINHOS OU O VENTO É INIMIGO DO PICUMÃ, de Jhonny Salaberg

PASSARINHO, de Ana Kutner

INSETOS, de Jô Bilac

A TROPA, de Gustavo Pinheiro

A GARAGEM, de Felipe Haiut

SILÊNCIO.DOC, de Marcelo Varzea

PRETO, de Grace Passô, Marcio Abreu e Nadja Naira

MARTA, ROSA E JOÃO, de Malu Galli

MATO CHEIO, de Carcaça de Poéticas Negras

YELLOW BASTARD, de Diogo Liberano

SINFONIA SONHO, de Diogo Liberano

SÓ PERCEBO QUE ESTOU CORRENDO QUANDO VEJO QUE ESTOU CAINDO, de Lane Lopes

SAIA, de Marcéli Torquato

DESCULPE O TRANSTORNO, de Jonatan Magella

TUKANKÁTON + O TERCEIRO SINAL, de Otávio Frias Filho

SUELEN NARA IAN, de Luisa Arraes

Outros títulos desta coleção:

COLEÇÃO DRAMATURGIA FRANCESA

É A VIDA, de Mohamed El Khatib | Tradução Gabriel F.

FIZ BEM?, de Pauline Sales | Tradução Pedro Kosovski

ONDE E QUANDO NÓS MORREMOS, de Riad Gahmi | Tradução Grupo Carmin

PULVERIZADOS, de Alexandra Badea | Tradução Marcio Abreu

EU CARREGUEI MEU PAI SOBRE MEUS OMBROS, de Fabrice Melquiot | Tradução Alexandre Dal Farra

HOMENS QUE CAEM, de Marion Aubert | Tradução Renato Forin Jr.

QUEIMADURAS, de Hubert Colas | Tradução Jezebel De Carli

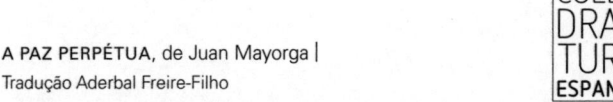

COLEÇÃO DRAMATURGIA ESPANHOLA

A PAZ PERPÉTUA, de Juan Mayorga | Tradução Aderbal Freire-Filho

ATRA BÍLIS, de Laila Ripoll | Tradução Hugo Rodas

CACHORRO MORTO NA LAVANDERIA: OS FORTES, de Angélica Liddell | Tradução Beatriz Sayad

CLIFF (PRECIPÍCIO), de José Alberto Conejero | Tradução Fernando Yamamoto

DENTRO DA TERRA, de Paco Bezerra | Tradução Roberto Alvim

MÜNCHAUSEN, de Lucía Vilanova | Tradução Pedro Brício

NN12, de Gracia Morales | Tradução Gilberto Gawronski

O PRINCÍPIO DE ARQUIMEDES, de Josep Maria Miró i Coromina
Tradução Luís Artur Nunes

OS CORPOS PERDIDOS, de José Manuel Mora | Tradução Cibele Forjaz

APRÈS MOI, LE DÉLUGE (DEPOIS DE MIM, O DILÚVIO), de Lluïsa Cunillé | Tradução Marcio Meirelles

2020

———————————

1ª impressão

Este livro foi composto em Univers.
Impresso pela Gráfica Eskenazi
sobre papel Pólen Bold LD 70g/m².